24

供电企业生产技能人员标准化作业培训教材

输电电缆护层绝缘故障测寻

福建省电力有限公司　组编

输变电

中国电力出版社
CHINA ELECTRIC POWER PRESS

内 容 提 要

本册书是按照《供电企业生产技能人员标准化作业培训教材》体系的要求，结合生产实际编写而成。本册书主要介绍输电电缆护层绝缘故障测寻工作内容、流程、质量标准与控制、安全风险分析与预控、管理与记录要求等内容。通过作业案例介绍，使读者熟悉和掌握作业前的准备工作、作业中的危险点预控、工艺标准和质量要求，作业后管理与记录要求。

本册书作者都是长期从事电力生产一线的员工，有较为丰富的现场实际经验，所列举的案例也是实际生产过程中所发生的，具有较强的生产现场指导意义。本册书可用于从事输电电缆运维与检修人员持证上岗培训教材，也可作为输电电缆专业人员参考用书。

图书在版编目（CIP）数据

供电企业生产技能人员标准化作业培训教材. 输变电/福建省电力有限公司组编. —北京：中国电力出版社，2012.12
ISBN 978-7-5123-3810-4

Ⅰ. ①供…　Ⅱ. ①福…　Ⅲ. ①供电－工业企业管理－标准化管理－中国－技术培训－教材　②输电－电力系统－技术培训－教材　③变电所－电力系统－技术培训－教材　Ⅳ. ①F426.61

中国版本图书馆 CIP 数据核字（2012）第 287838 号

中国电力出版社出版、发行
（北京市东城区北京站西街 19 号　100005　http://www.cepp.sgcc.com.cn）
北京九天众诚印刷有限公司印刷
各地新华书店经售

*

2013 年 1 月第一版　　2013 年 1 月北京第一次印刷
787 毫米×1092 毫米　16 开本　84 印张　1766 千字
全册定价 **232.00** 元

陈艺鑫　陈日坤　陈祥舒　陈朝晖　陈德兴
林　衡　林一泓　林志敏　林志强　林轶群
林海渊　欧世尧　欧永连　罗　松　罗　毅
金建宁　郑哲人　郑雄俊　郑黎斐　赵道阳
施　纬　施广宇　洪西卿　钱志立　翁晓锋
涂恩来　黄　亮　黄国敏　董　磊　傅智为
潘晨曦

前言

preface

为了更好地服务“五大”体系建设，提升生产技能人员良好的“职业化”行为习惯，建立与现场标准化作业生产环境一致的培训课程体系，福建省电力有限公司以现场标准化作业指导书为蓝本，组织开展生产技能标准化作业培训教材的编写工作。为确保教材的编写质量和进度，由总工程师李功新主抓此项工作，多次召集工作协调会，定期听取编写进度汇报；人力资源部负责教材编写的组织工作，运维检修部、科技信通部和调度控制中心负责教材编写的具体工作，福建省电力有限公司和基层单位技术专家组成教材编写与审定小组，公司培训中心负责教材编写框架和编写规范的制订、编写进度跟踪及其他协调工作。

本套教材集中了福建省电力有限公司众多专家学者的智慧，采用了全新的组织架构，突出了基于现场标准化作业的培训特色。本套教材分为配电专业、输变电专业和二次专业三本书，包括91项现场标准化作业项目（子分册），具有很强的针对性和实用性。各项目（子分册）分为两部分：第一部分介绍了各项目的工作流程、工作质量标准与控制、危险点分析与预控、管理与记录要求、作业案例等；第二部分罗列了标准化作业指导书等标准化作业文本，并结合第一部分的作业案例说明了标准化文本的填写规范。部分项目（子分册）还在附录部分对设备等内容进行了说明。

其中，配电专业分为架空线路、配电设备、计量装置及其他设备，由福建省电力有限公司运维检修部高级工程师姚亮担任编写组长，福州电业局、厦门电业局、莆田电业局、泉州电业局、漳州电业局、龙岩电业局、三明电业局、南平电业局、宁德电业局、福清电力公司、石狮电力公司、晋江电力公司、南安电力公司、长乐电力公司等单位的专家参与编写工作。输变电专业分为开关类、线圈类和架空线路及电缆，由福建省电力有限公司运维检修部高级工程师林平担任编写组长，福建省电力科学研究院、检修分公司、福州电业局、厦门电业局、莆田电业局、泉州电业局、漳州电业局、龙岩电业局、三明电业局等单位的专家参与编写工作。二次专业分为继电保护、综合自动化、直流系统和电力通信，由福建省电力有限公司调度控制中心高级工程师宋福海、科技信通部高级工程师连纪文担任编写组长，福建省电力科学研究院、检修分公司、信息通信分公司、福州电业局、厦门电业局、莆田电业局、泉州电业局、龙岩电业局、三明电业局、南平电业局等单位的专家参与编写工作。

本册由厦门电业局严有祥担任编写组长，厦门电业局陈朝晖、杨毓庆、陈日坤、叶色亮、福州电业局王全兴、泉州电业局吴志成、三明电业局沈明松、李春等编写；福建省电力有限公司运维检修部吴虹主审，福建省电力有限公司运维检修部林力辉、漳州电业局李郭然、福建省电力有限公司检修分公司倪孟华、厦门电业局胡志猛、吴增辉、福建省电力科学研究院李强等参审。

本教材在编写、审定过程中得到了福建省电力有限公司有关单位领导和专家的大力支持和帮助，在此一并感谢。同时，也感谢中国电力出版社的大力支持。

由于编者能力所限及编写时间仓促，难免存在疏漏之处，恳请各位专家和读者提出宝贵意见。

contents 目录

第一部分

标准化作业培训

1　作业描述

根据电缆护层绝缘故障测寻的标准化作业指导书的内容，介绍电缆护层绝缘故障测寻工作流程和质量标准要求，电缆护层绝缘故障测寻工作是输电电缆运维检修工作中一项技术要求高、难度大的工作。通过对工作流程及作业案例的介绍，掌握电缆护层绝缘故障测寻所需工器具、材料、工作流程、质量标准、作业中的危险点预控、操作步骤、管理要求等内容。

2　工作流程

电缆护层绝缘故障测寻的工作流程图如图 1-1 所示。

3　工作质量标准与控制

3.1　引用标准

GB 50168—2006　《电气装置安装工程电缆线路施工及验收规范》

GB/Z 18890.1—2002　《额定电压 220kV（U_m=252kV）交联聚乙烯绝缘电力电缆及其附件　第一部分：额定电压 220kV（U_m=252kV）交联聚乙烯绝缘电力电缆及其附件的电力电缆——试验方法和要求》

GB 50217—2007　《电力工程电缆设计规范》

Q/GDW 512—2010　《电力电缆线路运行规程》

3.2　质量控制

3.2.1　定位准备工作

（1）待测试电缆停电后，查阅电缆详细接线图纸，尤其交叉互联连接方式和电缆长度，做好测试前的验电、挂接地线工作。

（2）了解详细的电缆敷设情况，比如直埋、穿管、沟道等。

（3）所有交叉互联全部解开，包括直接接地。

（4）对于直埋的电缆，安排好施工人员随时开挖，节省时间。

（5）测试仪器电源为 220V、1kW，可以由发电机供电。

（6）测试仪器不能在雨天室外工作，沿路径的检测可以在小雨中进行。

（7）电缆测试仪器、材料、开挖准备，修复人员配合。

3.2.2　定位步骤

3.2.2.1　安全检查

确认测试电缆停电。测试电缆两端区域用警戒线围起来，以防不相关人员靠近。电缆远端留专人看管。电缆终端在铁塔上，必须安排持有登高证的操作人员操作。所有人员戴安全帽。进入隧道、变电站必须办理工作票。

3.2.2.2　打开测试电缆护层接地箱

（1）打开测试电缆交叉互联、直接接地。

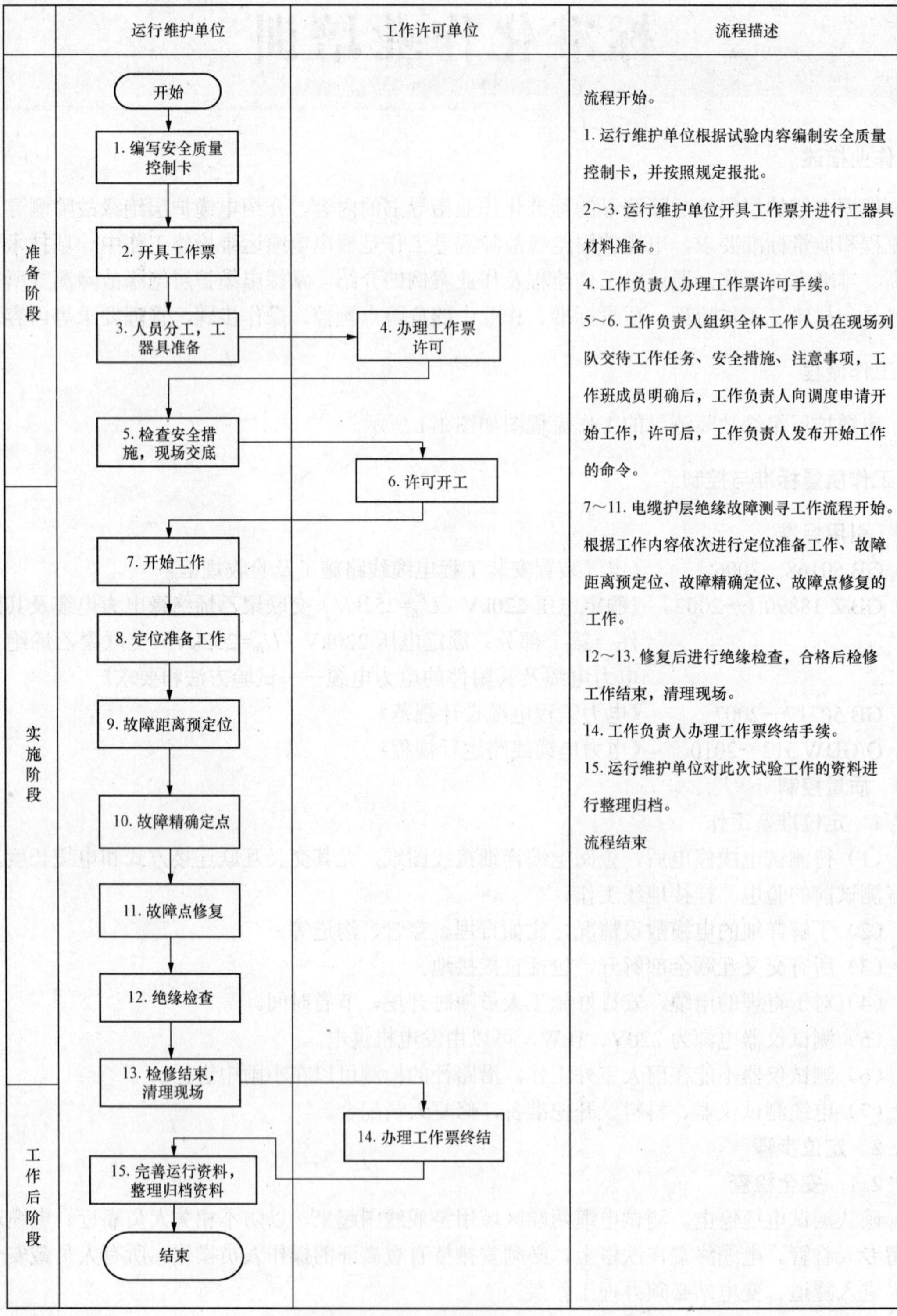

图 1-1　电缆护层绝缘故障测寻的工作流程图

（2）打开交叉互联时，注意检查避雷保护器绝缘，判断是否因避雷保护器损坏而导致护层绝缘损坏。

（3）解开交叉互联或直接接地时，注意护层接线端头远离地面、墙壁或金属架等。

（4）电缆终端在铁塔上，解开终端头必须采用绝缘绳或者绝缘胶带固定，并防止对金属搭接或者距离太近。

3.2.2.3 绝缘测试

绝缘测试设备与标准见表 1-1。

表 1-1 绝缘测试设备与标准

线 路	绝缘测试标准	测试设备
新线路	DC 10kV/1min	直流高压发生器
老线路	每千米 2MΩ 即可	可用 250V 或 500V 高压绝缘电阻表
说明	记录以下数据：测试时间、测试人员、线路名称、哪一段、哪一回路、绝缘状况	

3.2.2.4 故障距离预定位

注意：电缆护层故障不能用脉冲反射法定位。

GZD-400A 电缆故障定位电桥为高压电桥法，精度±（0.2%L+1）m，使用简单，操作安全，示意图如图 1-2 所示。

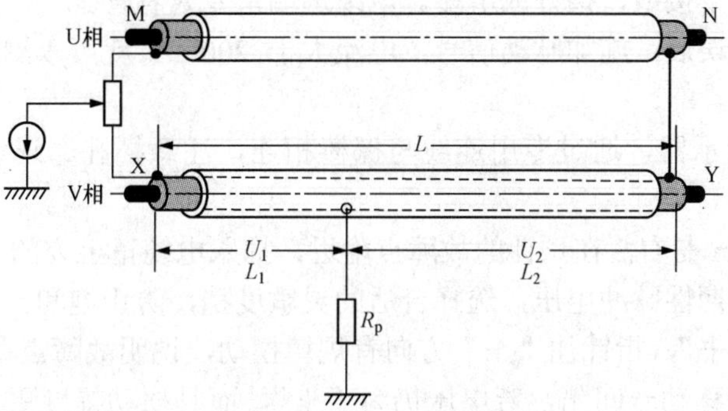

图 1-2 高压电桥法故障定位示意图

高压电桥预定位必须具备的条件：

（1）具有绝缘较为良好的相作为辅助电缆。

（2）辅助电缆和测试电缆截面积相等、材料相同、长度一样。

高压电桥测试步骤为：

（1）用专用短接线将故障电缆和辅助电缆的远端短接，近端如图 1-2 所示，注意接好放电棒。

（2）确认所有人员远离测试电缆两端。

（3）打开电桥灵敏度开关到 3 挡，并调零，然后关掉开关。

（4）施加电流大于 10mA，待电流稳定后，打开电桥灵敏度开关到 3 挡，调节千分度盘，使检流计指零，记录千分度盘读数 P_1‰。关断灵敏度开关，关断电桥电源开关，用放电棒放电。

（5）对调电桥红黑夹子，重复以上测试步骤，测试 $P_2‰$，应有 $P_1‰+P_2‰=1$。

（6）计算故障距离 $L_\times=2LP_1‰$。测试结束，关机，放电，拆线。

3.2.2.5 故障精确定点

注意：不能用声磁同步法定点，因为电缆护层对大地相当于电容，在脉冲冲击放电时，护层沿线会对支架等金属放电，沿线到处放电。

在预定位距离附近，用跨步电压法精确定点，如图 1-3 所示。

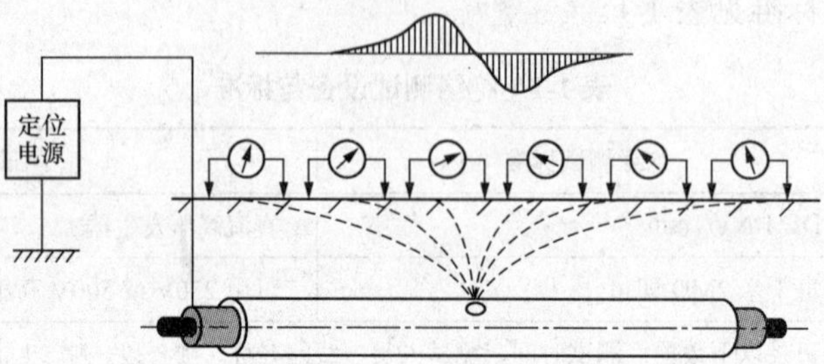

图 1-3　跨步电压法精确定点示意图

跨步电压法精确定点可在故障点前后±10cm。

跨步电压法精确定位步骤为：

（1）解开对端短接电缆。用电缆护层故障定位电源脉动挡。电源输出高压电缆红夹子接故障电缆护层，黑夹子接地，接好放电棒。电缆远端留专人看管。

（2）检查确认无误后，施加脉动信号，电流大于 200mA 就可以测试，当然电流越大跨步灵敏度越高。

（3）跨步电压指示器，通过专用连线与探棒相连，注意插孔、连线、探棒，红黑两色统一。

（4）探棒相隔 2m 左右，在预计的故障点附近，插入电缆正上方的土壤中。

（5）若观察到周期性脉冲电压，选择合适的灵敏度挡，防止饱和。

（6）若电压为“＋”，指针往“＋”方向有规律摆动，说明故障点在红棒方向。

（7）向红棒方向移动一间隔，若电压仍为“＋”，而且摆动幅度更大，说明故障点仍在红棒方向。

（8）继续上一步骤，若电压为“－”，指针往“－”方向摆动，说明红棒已越过故障点。

（9）调节红棒，使跨步电压为零，这时，两棒中心点为故障点位置。

（10）同理，充分利用连线长度，使黑棒远离电缆轴线，沿电缆正上方移动红棒，跨步电压最大点为故障点位置。

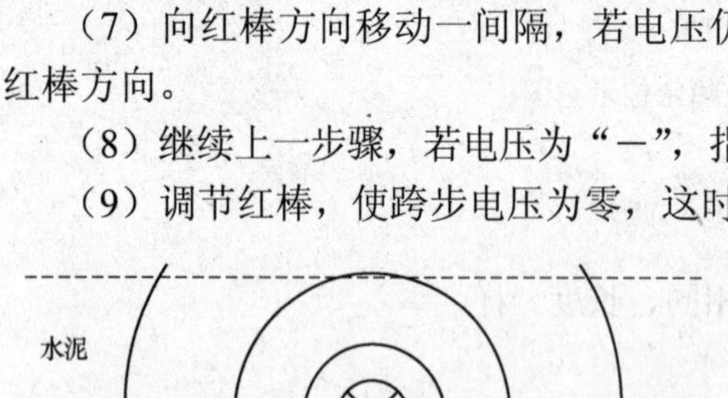

图 1-4　与电缆平行土壤中的跨步电压分布

3.2.2.6 特殊情况处理方法

（1）若电缆正上方为水泥路面，无法插入探棒，在与电缆平行的土壤中插入探棒，进行定点，如图 1-4 所示。

（2）桥架电缆。通常加 20mA 电流便可使护套烧蚀冒烟雾。加持续电流，沿隧道巡查。有时缺陷点正好位于固定夹箍内，看不到烟雾，只能逐段测量电缆表面电位了。

（3）绝缘穿管内的护套缺陷，无法采用跨步电压法。可测量管子端部电缆表面的电位分布，若两端电位分布方向相反，可断定护套缺陷在穿管内。若穿管浸没于水中，可测量水中电压分布。要精确定点管内位置，可借助穿管器，用万用表测量管内电缆表明电位分布，负电压最大处即为故障点。

（4）多个缺陷点定位。通常无法判断是否有多个缺陷点。粗测估计点一般靠近最严重的缺陷点。先排除该点，再定下一个。

4 安全风险分析与预控

4.1 危险点1：触电

事故案例

×月×日10:54，110kV水屯站西关路218断路器速断保护动作跳闸，调度值班人员当即通知配电工区电缆运行班班长陈×查找事故。12:13，陈×到达现场经检查后，报调度电缆已挖坏，并申请停电处理。调度对该线路停电并许可后，陈×带领工作人员开始清理故障点电缆上方及周围的盖板、泥土。清理完成后，发现现场有两条电缆（东西并排），而且均受到不同程度的破坏。在工作开始前，工作负责人陈×只向其中的1名工作人员交待两侧已停好电并挂好地线，并没有向其他工作人员进行危险点告知，交待安全措施和技术措施。16:00，西侧电缆（西关一路）故障处理完毕。在处理东侧故障电缆时，工作负责人陈×主观认为东侧电缆是西关一路并接的另一条电缆（实际是运行中的西关二路），在没有使用绝缘刺锥确认无电的情况下，即开始此条电缆的故障处理。进入坑内的工作人员（郝×、陈×、谷×）在剥除电缆外护套、钢铠、填充料、内护套后，又开始对其中W相的铜屏蔽层、半导电层进行处理。16:34，工作班成员陈×、谷×在割破西关二路电缆绝缘后触电。其中陈×经抢救无效死亡。

防范措施

（1）工作前应详细核对电缆名称和标志是否与工作票所填写的相符，安全措施不完善不可开工。（《国家电网公司电力安全工作规程（线路部分）》第12.1.1条）

（2）工作人员锯电缆前应核对电缆走向，使用专用仪器确认电缆确无电压后，方可工作。（《国家电网公司电力安全工作规程（线路部分）》第12.2.1.9条）

4.2 危险点2：高处坠落

事故案例

×月×日，××电业局电力工程公司线路一队在沙县至列西110kV线路14~15号杆的紧线施工中，在挂左边导线（面向大号侧）时，因施工方法不当，造成铁塔下横担吊杆角钢断裂，塔上施工人员黄×、潘×两人的安全带从角钢断裂处脱出，两人从15m高塔上坠落的重伤事故。其中黄×第10胸椎压缩性骨折、截瘫；潘×第3、4胸椎压缩性骨折。

防范措施

（1）作业人员攀登杆塔、杆塔上转位及杆塔上作业时，手扶的构件应牢固，不准失去安全防护，并防止安全带从杆顶脱出或被锋利物损坏。（《国家电网公司电力安全工作规程（线路部分）》第6.2.3条）

（2）高处作业人员在作业过程中，应随时检查安全带是否拴牢。高处作业人员在转移作

业位置时不准失去安全带防护。(《国家电网公司电力安全工作规程(线路部分)》第 7.10 条)

(3)工作负责人、专责监护人应始终在工作现场,对工作班人员的安全进行认真监护,及时纠正不安全的行为。(《国家电网公司电力安全工作规程(线路部分)》第 2.5.1 条)

5 管理与记录要求

(1)召开班前会、班后会。

(2)编制工作方案及作业指导书。

(3)将班前会和班后会录音上传至 GPMS 系统,并做好登记。

(4)将本次作业过程记录录入到 GPMS 系统,进行评估和终结作业流程。

6 作业案例

110kV××线电缆 U 相 4~5 号接头段护层绝缘故障测寻。

6.1 作业前准备

6.1.1 准备工作

6.1.1.1 查阅资料

(1)查阅电缆详细接线图纸,4~5 号为交叉互联连接方式,电缆长度 480m;

(2)了解详细的电缆敷设情况,电缆路径为穿管、沟道等。

6.1.1.2 编制作业指导书

包含测寻工作任务的人员分工、作业方案、质量控制流程和工艺标准、作业危险点分析及控制措施等内容。

6.1.1.3 工作方法

高压电桥法、跨步电压法。

6.1.1.4 仪器、工器具及材料

详见班组作业安全质量控制卡。

6.1.1.5 作业人员资格审查

必须取得输电电缆专业上岗证书,经安全技术培训并考试合格,无妨碍工作的病症。

6.1.2 召开班前会

6.1.2.1 人员分工

根据作业内容及工作量确定具体的人员分工。

6.1.2.2 技术交底

明确作业方法、工艺及质量标准。

6.1.2.3 进行危险点分析并制定控制措施

危险点分析及控制措施详尽并有针对性。

6.1.3 填写并签发工作票

完整填写电力电缆第一种工作票并履行审批、签发手续。

6.2 作业中控制

6.2.1 作业开工

6.2.1.1 办理工作许可手续

作业前与调度联系线路确已停电,办理工作许可手续,并且安全措施已布置完毕,可以

作业。

6.2.1.2 宣读工作票

（1）工作负责人召集全体人员列队，宣读工作票，工作人员列队认真听票。

（2）工作负责人讲明工作中的危险点及控制措施，并进行提问，无问题后工作班人员在工作票上签字确认后，方可开始作业。

6.2.1.3 核对工作范围及设备

工作负责人接到工作许可命令后，率领工作班成员到达现场。工作负责人要亲自按工作票内容核对测寻线路名称、杆塔号。

6.2.1.4 验电、挂接地线

（1）由专人用合格的验电器在测寻电缆线路两侧终端验电，并设专人监护。

（2）验明线路确无电压后，开始装设接地线。应先接接地端后接导线端，接地线应接触良好，连接可靠。接地线不得缠绕。

6.2.2 作业内容及质量控制流程

6.2.2.1 仪器、工器具摆放

在测寻点附近选一较平坦处（有条件可铺好帆布），将所用仪器、工器具依次摆放好。

6.2.2.2 悬挂传递绳

杆上作业人员戴好安全帽，携带传递绳上塔到合适位置，系好安全带后，将传递绳挂在合适位置。

6.2.2.3 安装工器具

（1）杆上作业人员系好双保险安全带，沿终端平台或门型架，进入工作位置。

（2）杆上作业人员使用绝缘手套进行验电、挂接地线工作。

6.2.2.4 拆除护层接地线、绝缘测试

（1）解开故障段、故障相的护层接地线。

（2）用500V高压绝缘电阻表测量绝缘电阻为0.1MΩ并做好记录。

6.2.2.5 故障距离预定位

（1）用专用短接线将故障电缆U相和完好相V相在5号接头处短接。

（2）用高压电桥进行故障点故障距离预定位，电桥测试阻值R_1=0.27，通过公式$L_{\times}=2LP_1$计算故障距离为259.2m。

6.2.2.6 故障精确定点

采用跨步电压法定点设备对预定位故障距离进行精确定点，实际故障点距离在255m左右处。

6.2.2.7 故障点修复

采用修复护套的绝缘材料进行修复。

6.2.2.8 绝缘电阻测试

用500V绝缘电阻表测量修复后U相绝缘电阻。

6.2.2.9 恢复护层接地线

按原接线方式恢复各相电缆护层接地线。

6.2.3 作业结束

6.2.3.1 作业现场清理

达到工完、场清、料净。

6.2.3.2 盘点仪器、工具、材料数量

按仪器、工器具和材料附表核实工具、材料数量。

6.2.3.3 申请办理质量验收

按工艺标准及有关规程组织施工质量验收。

6.2.3.4 拆除接地线，人员撤离

工作结束后，工作负责人检查作业现场无问题，确定所有人员下塔后，下令拆除接地线。

6.2.3.5 办理工作票终结手续

工作负责人向工作许可人汇报作业结束，现场人员全部下塔，线路所挂的接地线已全部拆除，没有遗留问题，可以恢复送电。

6.3 作业后小结

（1）召开班后会。

（2）将修复后参数等台账录入 GPMS 系统。

（3）将班前会和班后会录音上传至 GPMS 系统，并做好登记。

（4）将本次作业过程记录录入到 GPMS 系统，进行评估和终结作业流程。

思考与练习

1. 请根据以下案例进行原因分析并思考防范措施。

【案例】 ×月×日物资供应公司请供用电部综合班试验组林×（班长）、郑×、王×三位同志到仓库做一台 315kV·A 配电变压器试验，到现场后林×交待工作完，就和驾驶员去富山展览城参观，郑×、王×就开始分头工作，王×接电源线到隔离开关（试验），郑×从隔离开关下端接线到电风扇，同时引线准备接至试验调压器及互感器，当郑×要接上互感器电源时，没有与王×核对隔离开关位置（实际上隔离开关已合，风扇已在转动），发生触电，经医生检查右脚小指有三点电击穿麻点，住院一星期观察治疗。

2. 简述电缆护层绝缘故障的测寻方法及操作步骤？

第二部分 标准化作业文本

1 标准化作业指导书

110kV ××电缆绝缘故障测寻作业指导书

编制：____________ ________年______月______日

审核：____________ ________年______月______日

批准：____________ ________年______月______日

工作负责人：

作业日期： 年 月 日 时至 年 月 日 时

××××公司

1　范围

本指导书适用于110kV××电缆U相4～5号接头段护层绝缘故障测寻工作。

2　引用文件

GB 50168—1992　《电气装置安装工程电缆线路施工及验收规范》
GB/Z 18890.1—2002　《额定电压220kV（U_m=252kV）交联聚乙烯绝缘电力电缆及附件》
GB 50217—2007　《电力工程电缆设计规范》
Q/GDW 512—2010　《电力电缆线路运行规程》
国家电网安监〔2009〕664号　《国家电网公司电力安全工作规程（电力线路部分）》

3　环境条件

（1）作业现场的生产条件和安全设施应符合有关标准、规范的要求。

（2）作业应在良好的天气下进行，工作中遇有雷、雨、雾及五级以上的大风等恶劣天气时，应立即停止工作。

4　作业准备

4.1　准备工作安排

√	序号	内　　容	责任人	备注
	1	学习本线路电气接线图、护层回路连接方式、试验标准；熟悉本线路的具体路径、走向、电缆敷设方式（电缆沟、埋管、电缆隧道等）		
	2	部门内部组织安全、质量、进度的技术交底，熟练掌握电缆停电检修方法、技术标准、安全、危险点分析等		
	3	查阅电缆预防性试验安装报告、检修等运行历史情况		
	4	对进场的工器具、仪器设备进行检查和保养，确保能够正常使用		
	5	办理必备的开工手续，办理电力电缆第一种工作票，停110kV××线线路，停电范围×××变电站××间隔—××变电站××间隔		
	6	准备相应的安全标识、警示锥、试验围栏，在较深的工井内检修，必须准备竹梯、有害气体检测仪、绝缘雨靴、便携式应急灯等		

4.2　人员要求

√	序号	内　　容	责任人	备注
	1	作业人员应身体健康、精神状态良好，思想稳定，心态正常；如不适应施工现场要求，工作负责人必须对作业人员进行适当调整		
	2	作业人员必须熟练掌握本专业作业技能及《电力安全工作规程》知识，经年度《电力安全工作规程》考试合格，持有本专业职业资格证书，熟悉本线路的施工环境及连接方式		
	3	进入变电站、电缆井、隧道施工，必须至少有2人进行，办理工作票相关手续后，方可进入变电站作业现场		

表（续）

√	序号	内　容	责任人	备注
	4	在作业过程中，所有从业人员严禁吸烟，嬉笑打闹		
	5	进入施工现场工作，必须有监护人，监护人不得做其他工作及擅离作业现场		

4.3 工器具准备

√	序号	名称	型号/规格	单位	数量	备　注	
	1	高压验电器	110kV	只	2	在规定试验周期内试验合格	
	2	接地线	110kV	组	2	在规定试验周期内试验合格	
	3	绝缘电阻表（500 V）	500 MΩ	台	1	在规定试验周期内试验合格	
	4	绝缘手套	10kV	副	2	在规定试验周期内试验合格	
	5	高压电桥		台	1	能够正常使用	
	6	故障精确定位仪器		套	1	能够正常使用	
	7	试验用的短接线	ϕ120	包	1	各种短接线连接应结实可靠	
	8	个人电工工具		套	3	工具绝缘必须全部合格	
	9	绝缘鞋		双	5	在规定试验周期内试验合格	
	10	安全帽		顶	5	检查合格	
	11	安全带		条	3	在规定试验周期内试验合格	
	12	通信工具		部	2	能够正常使用	
	13	照明灯具或应急灯		盏	4	电量充足	
	14	有害气体检测仪		台	2	在规定检测周期内试验合格	
	15	盖板起用专用工具		套	2	能够正常使用	
	16	警示锥		个	10		
	17	安全围网		张	3		
	18	竹梯	12节	架	2	梯子应符合规程要求，有防滑设施	

4.4 材料准备

√	序号	名　称	型号/规格	单位	数量	备　注
	1	螺栓	ϕ12×60	套	若干	
	2	短接线	ϕ120	条	1	

4.5 危险点分析及现场措施

√	序号	内　容
	1	检修前，未认真核对设备、编号而走错间隔、误登带电杆塔
	2	检修过程中，人员及工器具与带电线路，同回路线路带电部分未保持足够的安全距离（110kV）≥1.5m
	3	检修设备在现场搬动过程中，指挥不当，造成设备损坏，砸伤人员

表（续）

√	序号	内　　容
	4	电缆试验前，被试电缆和试验设备在移动时未进行放电
	5	工作人员思想波动，情绪反常，身体状况不佳，心理不正常
	6	接地线不合格，如电压等级不符、截面过小、接地棒的绝缘电阻不合格、缠绕接地或挂接地线顺序错误
	7	电缆拆、接引线时，感应电伤人，高空坠落物体伤人或登高人员坠落
	8	检修试验设备误接线，试验设备漏、放电
	9	检修试验现场未设围栏，未悬挂“有电危险”标示牌，闲杂人员误入
	10	变更试验接线时，残余电荷未放尽，造成残余电压伤人
	11	测试完毕后不检查，发生电缆金属屏蔽换位错接
	12	进入工井前未进行通风处理和用有害气体检测仪检测
	13	测寻时，电缆对端没有设专人监护或通信不畅通
	14	工作完毕后，漏拆除接地线

4.6　安全措施及注意事项

√	序号	内　　容
	1	严格执行工作票制度，正确填写电力电缆第一种工作票
	2	断开110kV××线线路两侧断路器和隔离开关，并挂接地线
	3	装设接地线时，应先接接地端，后接导线端，接地线连接可靠，不准缠绕，拆接地线时的程序与此相反
	4	在停电线路装接地线前，要先核对线路名称，相位无误后，再使用检验合格的验电器验电，验明停电线路确无电压
	5	验电时，应戴绝缘手套，并有专人监护并应逐相进行
	6	工作中需要进行登高作业时，对工器具进行必要的检查，做好防止人员摔落的安全措施
	7	登高作业必须系双保险安全带，戴安全帽，穿绝缘靴；进入试验现场，试验人员必须戴安全帽，穿绝缘鞋
	8	本线路上若有感应电压时，在电缆终端头及架空线上加装接地线
	9	拆除电缆头引线前，应确定电缆两端电缆头引线确已挂好接地线或已合上接地开关
	10	工作现场周围要设置围栏和遮栏
	11	检查试验设备的良好性，防止漏放电伤人
	12	在测量护层绝缘电阻过程中及接绝缘电阻表引线时，必须加强监护，防止线路感应电压及绝缘电阻表自身错接线而造成漏电伤人
	13	对电缆进行高压测试时，试验人员应注意与带电线路和试验设备带电裸露部分保持足够的安全距离（110kV）≥1.5m
	14	工作过程中要防止行人跌入窨井、沟坎，对开启的井口、窨井、沟坎要设专人监护，并加装警示标识和安全标识
	15	工作完毕后，应有专人检查接地线是否拆除

4.7 作业分工

√	序号	作 业 内 容	分组负责人	作业人员
	1	填报电力电缆第一种工作票		
	2	核对 110kV××线线路名称和塔号		
	3	确认作业面安全距离、作业半径与带电线路，同回路线路带电裸露部分保持足够的安全距离（110kV≥1.5m）		
	4	110kV××变电站、××变电站门型架电缆终端验电并挂接地线，拆除电缆终端头引线，将电缆与电力系统脱离（检查验电器、接地线是否满足现场要求，控制接地线使用程序和方法）		
	5	4、5 号接头井交叉互联箱引线拆除，做好标记，恢复时做到原拆原装		
	6	电缆护层绝缘测试		
	7	进行电缆护层故障测寻、修复工作		
	8	测寻完毕后对 4～5 号接头交叉互联箱引线按原接线进行恢复		
	9	恢复 4～5 号接头之间掀开的所有工井井盖		
	10	恢复××变电站 110kV××线门型架电缆终端头引线，将电缆与电力系统连接，拆除该电缆终端头接地线		
	11	恢复××变电站 110kV××线门型架电缆终端头引线，将电缆与电力系统连接，拆除该电缆终端头接地线		
	12	对现场进行全面检查，办理工作票终结		

5 作业程序

5.1 开工

√	序号	内 容	作业人员签字
	1	重新学习施工组织设计和技术措施，落实熟练掌握故障查找方法、技术标准等的人员到位；携带经检查合格的故障查找仪器、工器具及材料进场	
	2	向调度提出 110kV××线线路转检修申请和工作票	
	3	开工前认真填写工作票，严格审批制度	
	4	严格站、班会制，对当天的工作必须进行“三查”、“三交”，即查着装、查安全帽、安全带、绝缘鞋、查精神状况；交任务、交技术、交安全	
	5	工作负责人发布开工令	
	6	在宣读工作票时，进行现场技术交底，每个工作人员必须在场聆听，不清楚之处及时向工作负责人提问，工作负责人必须向每一位工作人员交待清楚各自的工作任务、工作范围、工作时间、安全措施、危险点和安全注意事项	
	7	向调度报开工，得到工作许可命令后，在 110kV××变电站××线门型架电缆头引线上验电接地和××变电站 110kV××线门型架电缆两端电缆头均挂好接地线后方可开工	

5.2 作业内容及标准

√	序号	作业内容	作业步骤及标准	安全措施注意事项	责任人签字
	1	掀井盖	掀开4、5号接头工井井盖	1. 工井周围应设置围栏，防止闲杂人员靠近。 2. 用有害气体检测仪对工井内的环境进行检测，以防有害气体伤人，并进行有效通风处理	
	2	拆护层交叉互联箱引线	依次拆除××线4、5号接头交叉互联箱护层接地线	1. 应带足照明设备，认真核对接地互联箱的编号后方可拆除。 2. 拆除后要做好接线记号，以确保恢复时能正确接线	
	3	护层引线短接	将5号接头U相与V相护层引线用测试短接线短接	1. 短接时应对各相护层放电。 2. 短接应牢固可靠	
	4	护层绝缘故障预定位测试	采用高压电桥法进行故障点预定位测试，大致判断故障点的距离范围	1. 测试点周围应派专人监护并设置围栏，以防止人员触电。 2. 加压时，其他相应分别接地，测试后应对测试相充分放电	
	5	故障定点	根据预定位结果，采用跨步电压法进行故障点的精确定点	1. 测试点周围应派专人监护并设置围栏，以防止人员触电。 2. 加压时，另一相应分别接地，试后应对测试相充分放电。 3. 定点过程需掀开工井也应派专人监护，设置围栏并用有害气体检测仪检测	
	6	故障点修复	采用修复护套的绝缘材料进行修复	1. 电缆头周围应设置围栏，防止闲杂人员靠近。 2. 拆除后要做好接线记号，以确保恢复时能正确接线	
	7	恢复接线	按原接线对电缆护层接地引线进行恢复	连接时护层引线应接地，以防感应电压触电	

5.3 竣工

√	序号	内　容	负责人员签字
	1	各小组负责人应认真检查各自的工作完成情况，向总负责人进行工作交接	
	2	工毕后，清理施工现场，施工垃圾分类存放，确保施工环境无污染，做到“工完场清”	
	3	指定专人认真清点本项目施工的所有从业人员，清理开工前所携带的工器具无丢失，材料的使用情况正常，确定线路无人后，拆除所挂接地线并向调度报完工	
	4	详细记录电缆护层绝缘故障测寻数据，并加以总结	
	5	详细填写《电缆护层绝缘故障测寻报告》	

6 消缺记录

√	序号	缺 陷 内 容	消除人员签字
	1		
	2		

7　验收总结

序号	检　修　总　结	
1	验收评价	
2	存在问题及处理意见	

8　指导书执行情况评估

<table>
<tr><td rowspan="4">评估内容</td><td rowspan="2">符合性</td><td>优</td><td></td><td>可操作项</td><td></td></tr>
<tr><td>良</td><td></td><td>不可操作项</td><td></td></tr>
<tr><td rowspan="2">可操作性</td><td>优</td><td></td><td>修改项</td><td></td></tr>
<tr><td>良</td><td></td><td>遗漏项</td><td></td></tr>
<tr><td>存在问题</td><td colspan="5"></td></tr>
<tr><td>改进意见</td><td colspan="5"></td></tr>
</table>

2 安全质量控制卡

编号：××××××××××

班组作业安全质量控制卡

作业名称：110kV××电缆护层绝缘故障测寻

编制：＿＿＿＿ 审批：＿＿＿＿

工作负责人：＿＿＿＿ 小组成员：＿＿＿＿

作业性质：停电作业

计划时间：××年×月×日×时×分至××年×月×日×时×分

1 作业前

1.1 内业准备

序号	类 别	规 格	单位	数量	确认
1．仪器、工器具和材料					
1.1	安全帽	HT-7A	顶	6	
1.2	背带式安全带	T3×B	套	2	
1.3	个人工具		套	6	
1.4	高压验电器	110kV	只	1	
1.5	接地线	110kV 截面积不得小于 $25mm^2$	组	1	
1.6	绝缘电阻表	500 V	只	1	
1.7	绝缘手套	10kV	套	1	
1.8	高压电桥		台	2	
1.9	故障精确定位仪器		台	1	
1.10	试验用的短接线	ϕ120	支	2	
1.11	个人电工工具		组	2	
1.12	通信工具		部	2	
1.13	照明灯具或应急灯		盏	4	
1.14	有害气体检测仪		台	2	
1.15	盖板起用专用工具		套	2	
1.16	警示锥		个	10	
1.17	安全围网		张	3	
1.18	竹梯	12 节	架	2	
1.19	传递绳	ϕ12	根	1	
1.20	螺栓	ϕ12×60	套	若干	
1.21	短接线	ϕ120	条	1	

表（续）

序号	类　别	规　格	单位	数量	确认
2．作业文件					
2.1	工作票编号	××××××			
2.2	现场勘察单	□已勘察　□无需勘察			
2.3	测寻记录卡				
3．录音笔					
4．实际综合人日	技工		民工		

1.2　出工准备

序号	名　　称	确认
1	任务分工	
2	出工三检查（检查作业人员着装、劳动防护用品和精神状态）	

2　作业中

2.1　班前会

2.1.1　危险点分析及安全控制措施交底

序号	危险点分析	安全控制措施	确认
1	误入间隔（杆塔）	1．设专人监护。 2．登塔前必须仔细核对线路双重命名、杆塔号，确认无误后方可上塔。 3．现场作业人员佩戴停电检修线路的识别标志卡	
2	触电、感应电伤害	1．开工前必须办理电力第一种工作票。 2．采用合格验电器进行验电并在工作地段两端挂接地线，未接到工作负责人通知，不得上塔作业。 3．接地线拆除后，严禁所有人员上塔。 4．加压时，其他相应分别接地，测试后应对测试相充分放电。 5．低压电源应装设漏电保护装置	
3	高空坠落	1．确认工井内脚钉（爬梯）的稳固情况是否完整可靠。手脚应抓稳、踏牢。 2．高空作业人员应正确使用背带式双控安全带，安全带和保护绳应分挂在杆塔不同部位的牢固构件上，并防止被锋利物损坏。攀登门型架（杆塔）、杆（塔）上移位时，双手不得持带工具物品等，作业时不得失去安全防护	
4	坠物伤人	1．作业人员必须正确佩戴安全帽。 2．使用工具袋，较大工具等应固定牢靠，传递物件应使用绳索，禁止抛掷。掀开的工井，应装设围栏并设专人看护，防止行人进入作业现场，井盖应放置在安全位置，以防落入井内。 3．井下作业人员要防止井上掉东西，使用的工器具、小材料应装在工具袋里。 4．传递物品所用绳索应完好，无断股、松股	
5	工具故障	准备工具时规格型号应匹配、性能良好、安全系数足够，并检查其外观是否良好，试验是否过期，发现有损伤或其他异常情况应停止使用，禁止冒险作业	
6	车辆伤害	在有车辆行驶的路径进行故障定位查找时，应注意交通安全，以防行驶车辆对人员伤害	

表（续）

序号	危险点分析	安全控制措施	确认
7	其他	在恶劣天气且未采取必要的安全措施（如遇雷、雨、雪、雾、风力大于5级等）时，停止作业	

2.1.2 安全措施确认

我已知晓上述工作内容、地点、计划时间、人员分工、危险因素及防范措施，精神状态良好。 确认签字：

2.2 作业工序

2.2.1 作业组关键工序安全质量控制

序号	关键工序	风 险 提 醒	确认		
1	验电装设接地线	1．对线路逐相进行验电，验明线路确无电压后，即在线路上挂接地线。 2．挂接地线时，其接地端和导线端必须接触良好、可靠			
2	有害气体检测	进入工井作业前，必须用有害气体检测仪对工井内的环境进行检测，以防有害气体伤人，并进行有效通风处理			
3	拆护层交叉互联箱引线	1．应带足照明设备，认真核对接地互联箱的编号后方可拆除。 2．拆除后要做好接线记号，以确保恢复时能正确接线			
4	护层引线短接	1．短接时应对各相护层放电。 2．短接应牢固可靠			
5	护层绝缘故障预定位测试	1．测试点周围应设专人监护并设置围栏，以防止人员触电。 2．加压时，其他相应分别接地，测试后应对测试相充分放电			
6	故障定点	1．测试点周围应设专人监护并设置围栏，以防止人员触电。 2．加压时，其他相应分别接地，测试后应对测试相充分放电。 3．定点过程需掀开工井也应专人监护并设置围栏并用有害气体检测仪检测			
7	故障点修复	1．电缆头周围应设置围栏，防止闲杂人员靠近。 2．拆除后要做好接线记号，以确保恢复时能正确接线			
8	恢复接线	连接时护层引线应接地，以防感应电压触电			
9	拆除接地线	确认本班工作人员均已撤离杆塔后，指挥拆除本班所挂接的所有接地线			

2.2.2 工作监护

<table>
<tr><td colspan="3">专人监护</td><td>是□</td><td>否□</td></tr>
<tr><td colspan="3">杆号</td><td>监护人</td><td>登杆人</td></tr>
<tr><td></td><td></td><td></td><td></td><td></td></tr>
</table>

3 作业后

3.1 内业工作

序号	流　程	要　求	确认
1	班后会	工作总结、评价及相应措施	
2	GPMS 流程推进	作业管理相关内容填写、上传完整，发现、处理缺陷记录	
3	录音上传	工作许可、安全措施交待录音	
4	作业文件归档	工作票、测寻报告归档	

3.2 作业评价

评价情况：经检查，本控制卡：☐ 合格 / ☐ 不合格，存在____________________
____问题，已向________指出。

检查人：______________

_____年____月____日

3 电力电缆第一种工作票

××××电业局（电力公司）

电力电缆第一种工作票

1．部门：__________工作班组：__________________工作负责人：__________

2．工作班人员：×××、×××、×××、×××、×××

共 ×× 人

3．工作线路（电缆）名称或设备名称： 110kV××电缆线路

4．工作任务：

工作地段（注明电缆起止地点）	工　作　内　容
××变电站 110kV××103 间隔电缆终端头至××变电站 110kV××线 102 间隔电缆终端头	110kV××线 4 号接头至 5 号接头电缆护层故障测寻

5．安全措施：必要时可附页绘图说明。

（1）应断开断路器、隔离开关（包括线路隔离开关）、熔丝（包括跌落熔丝以及二次回路熔丝等），应合接地开关（名称和编号），应挂接地线。

变、配电站或线路名称	应断开的断路器和隔离开关、熔丝，应合接地隔离开关、应挂接地线
110kV××变电站	断开 110kV××线 103 断路器、1032 高压隔离开关、1033 线路避雷器高压隔离开关、103 线路 TV 低压断路器，合上 110kV××线 1036-Ⅲ接地隔离开关
110kV××变电站	断开 110kV××线 102 断路器、1021 高压隔离开关及 102 线路 TV 低压断路器，合上 110kV××线 1026 甲接地开关

（2）工作班应挂接地线：________________________共有 2 组

线路电压等级、名称和杆号（注明方向）	接地线编号		执行人	
	高压	低压	装设	拆除
××变电站 110kV××线 102 间隔电缆终端头引线上				
××变电站 110kV××线 103 间隔电缆终端头引线上				

（3）应装绝缘挡板、应设遮栏，应挂标示牌：

变（配）电站名称	应装绝缘挡板，应设遮栏，应挂标示牌
110kV××变电站	在 110kV××线 102 间隔电缆头周围设适量围栏，上挂适量“止步，高压危险”标示牌，面朝检修设备，在其出入口处挂“从此进出”标示牌，在其电缆头支架上挂“在此工作”标示牌。在 110kV××线 102 断路器和 1021 高压隔离开关操作把手上挂“禁止合闸，线路有人工作”标示牌

表（续）

变（配）电站名称	应装绝缘挡板，应设遮栏，应挂标示牌
110kV××变电站	在110kV××线103间隔电缆头周围设适量围栏，上挂适量“止步，高压危险”标示牌，面朝检修设备，在其出入口处挂“从此进出”标示牌，在其电缆头支架上挂“在此工作”标示牌。在110kV××线103断路器、1032和1033高压隔离开关操作把手上挂“禁止合闸，线路有人工作”标示牌

（4）注意事项：______

6. 计划工作时间：自____年___月___日___时___分至____年___月___日___时___分

工作负责人：______　工作票签发人：______

7. 工作负责人现场补充安全措施：______

______

8. 确认本票1～7项。工作许可：

（1）在线路上的电缆工作：

工作许可人（调度员）______用______方式许可，自______年_____月_____日_____时____分起开始工作。

许可人：______　工作负责人：______

（2）在发电厂或变、配电站内的电缆工作：

1）安全措施项所列措施中______（发电厂/变、配电站）部分，安全措施已经执行，工作地点保留带电分：______；补充下列安全措施和注意事项：______

______

许可自____年____月____日____时____分起开始工作。

工作许可人：______　工作负责人：______

2）安全措施项所列措施中______（发电厂/变、配电站）部分，安全措施已经执行，工作地点保留带电部分：______；补充下列安全措施和注意事项：______

______

许可自____年____月____日____时____分起开始工作。

工作许可人：______　工作负责人：______

9. 工作人员变动：

增添人员姓名	日	时	分	工作负责人签名	离去人员姓名	日	时	分	工作负责人签名

10. 工作负责人变动：

原工作负责人______离去，变更______为工作负责人。

变动时间:______年___月___日___时___分，并已通知______调度员、变电站______值班员、配电站______值班员。

工作票签发人：______

11. 每日开工和收工时间（使用一天的工作票不必填写）

收工时间				工作负责人	工作许可人	开工时间				工作许可人	工作负责人
月	日	时	分			月	日	时	分		

12. 工作票延期：

有效期延长到：_____年___月___日____时____分，延期原因：______________

工作负责人：___________　值班调度员：___________

13. 工作结束：

（1）在发电厂或变配电站内的电缆工作：

1）在__________（发电厂/变、配电站）工作于______年_____月_____日_____时____分结束，工作人员已全部退出，材料工具已清理完毕。

工作许可人：___________　工作负责人：______________

2）在__________（发电厂/变、配电站）工作于______年_____月_____日_____时____分终结，工作人员已全部退出，材料工具已清理完毕。

工作许可人：__________　工作负责人：______________

（2）全部工作已结束，工作人员已全部撤离，现场已清理完毕，工作班所装的临时接地线共____组已全部拆除。于________年_____月_____日_____时_____分工作负责人向当值调度员________________用____________方式汇报。

14. 工作票终结：临时遮栏、标示牌已拆除，常设遮栏已恢复。接地线编号__________________等共___组、接地隔离开关（小车）共____副（台）未拆除或拉开，已汇报调度。

工作许可（当值）人签名：_________　时间：_____年_____月___日___时_____分

15. 备注：____

（1）指定专责监护人________负责监护（地点及具体工作）______________

（2）其他事项：____

____

16. 交任务、交安全措施确认：

我对工作负责人布置的工作任务及安全措施已明白无误，所做安全措施已能确保我的工作安全。

工作班人员签名：____

____

17. 评价情况：

经检查本票为_______票，存在____________________________________

______________________________问题，已向________指出。

检查人：______________

_____年_____月_____日

思考与练习答案

1．答：原因分析：工作无监护是事故的主要原因，试验人员没穿工作鞋也是发生事故的重要原因，物资供应公司用工没有经部门统一安排，擅自到班组派工要人。现场没有明确的工作负责人，没有全面检查、协调，郑×本人工作不小心，而引起事故。

防范措施：（1）工作负责人、专责监护人应始终在工作现场，对工作班人员的安全进行认真监护，及时纠正不安全的行为。(《国家电网公司电力安全工作规程（线路部分）》第 2.5.1 条）

（2）作业人员在接触运用中配电箱前，应检查接地装置是否良好，并用验电笔确认其确无电压后，方可接触。(《国家电网公司电力安全工作规程（线路部分）》第 9.3.3 条）

2．答：（1）高压电桥法测试步骤。

1）用专用短接线将故障电缆和辅助电缆的远端短接，近端如图 1-2 所示，注意接好放电棒。

2）确认所有人员远离测试电缆两端。

3）打开电桥灵敏度开关到 3 挡，并调零，然后关掉开关。

4）施加电流大于 10mA，待电流稳定后，打开电桥灵敏度开关到 3 挡，调节千分度盘，使检流计指零，记录千分度盘读数 $P_1‰$。关断灵敏度开关，关断电桥电源开关，用放电棒放电。

5）对调电桥红黑夹子，重复以上测试步骤，测试 $P_2‰$，应有 $P_1‰+P_2‰=1$。

6）计算故障距离 $L_{\times}=2LP_1‰$。测试结束、关机、放电、拆线。

（2）跨步电压法精确定位法步骤。

1）解开对端短接电缆。用电缆护层故障定位电源脉动挡。电源输出高压电缆红夹子接故障电缆护层，黑夹子接地，接好放电棒。电缆远端留专人看管。

2）检查确认无误后，施加脉动信号，电流大于 200mA 就可以测试，当然电流越大跨步灵敏度越高。

3）跨步电压指示器，通过专用连线与探棒相连，注意插孔、连线、探棒，红黑两色统一。

4）探棒相隔 2m 左右，在预计的故障点附近，插入电缆正上方的土壤中。

5）若观察到周期性脉冲电压，选择合适的灵敏度挡，防止饱和。

6）若电压为“＋”，指针往“＋”方向有规律摆动，说明故障点在红棒方向。

7）向红棒方向移动一间隔，若电压仍为“＋”且摆动幅度更大，说明故障点仍在红棒方向。

8）继续上一步骤，若电压为“－”，指针往“－”方向摆动，说明红棒已越过故障点。

9）调节红棒，使跨步电压为零，这时，两棒中心点为故障点位置。

10）同理，充分利用连线长度，使黑棒远离电缆轴线，沿电缆正上方移动红棒，跨步电压最大点为故障点位置。